1
2
3
4
5
6
7
8
9
10
11
12

1 2 3 4 5 6 7 8 9 10 11 12

1
2
3
4
5
6
7
8
9
10
11
12

1 2 3 4 5 6 7 8 9 10 11 12

1
2
3
4
5
6
7
8
9
10
11
12

1 2 3 4 5 6 7 8 9 10 11 12

1
2
3
4
5
6
7
8
9
10
11
12

1 2 3 4 5 6 7 8 9 10 11 12

1 2 3 4 5 6 7 8 9 10 11 12

1
2
3
4
5
6
7
8
9
10
11
12

1
2
3
4
5
6
7
8
9
10
11
12

1 2 3 4 5 6 7 8 9 10 11 12

1 2 3 4 5 6 7 8 9 10 11 12

1
2
3
4
5
6
7
8
9
10
11
12

1 2 3 4 5 6 7 8 9 10 11 12

1 2 3 4 5 6 7 8 9 10 11 12

1 2 3 4 5 6 7 8 9 10 11 12

1 2 3 4 5 6 7 8 9 10 11 12

1 2 3 4 5 6 7 8 9 10 11 12

1
2
3
4
5
6
7
8
9
10
11
12